BARBAPAPA
und die Zahlen
Annette Tison & Talus Taylor

atlantis

Null
Es ist Nacht.
Alle Barbapapas schlafen.
Niemand ist zu sehen.

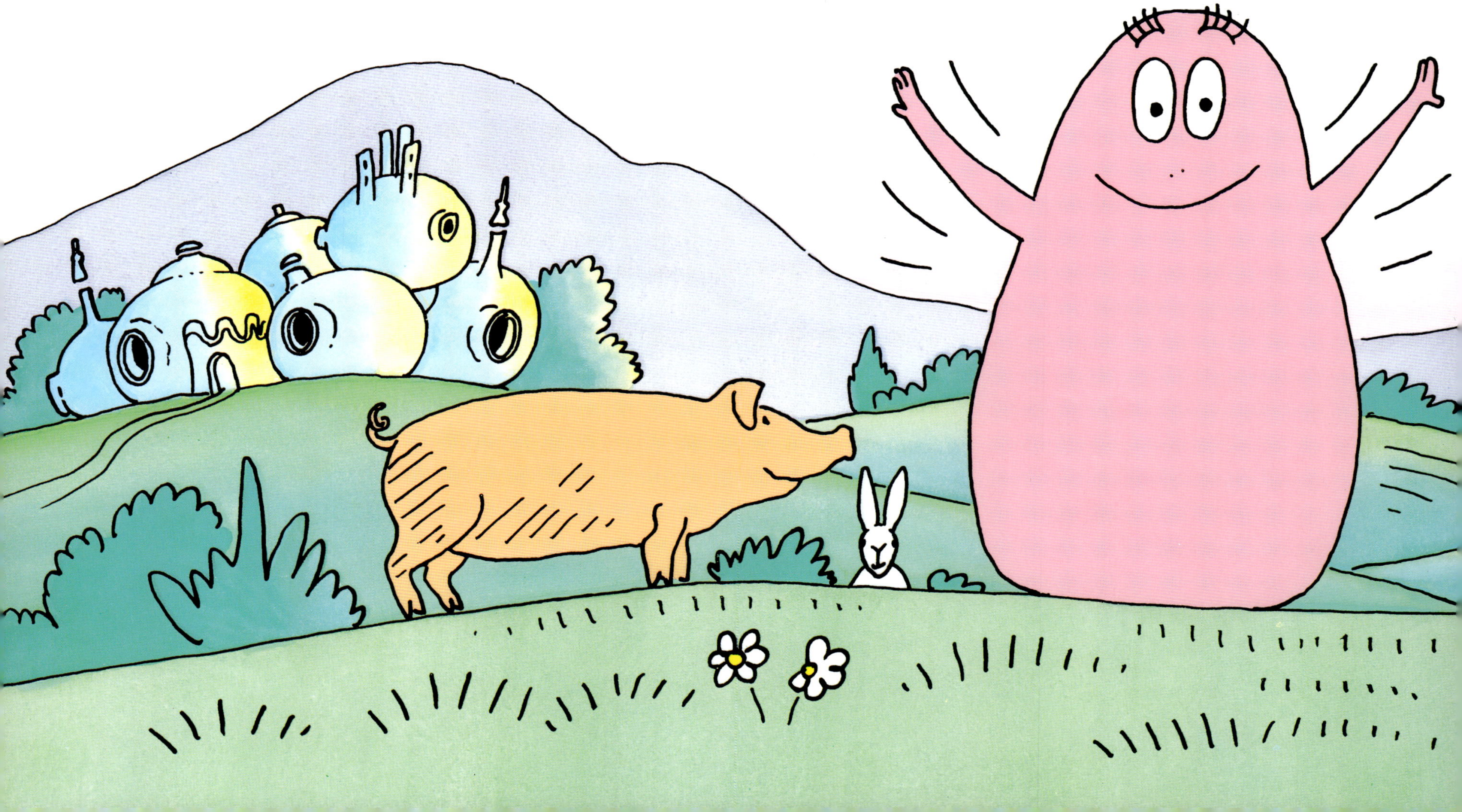

1

Eins
Die Sonne geht auf.
Ein Barbapapa macht Morgenturnen.

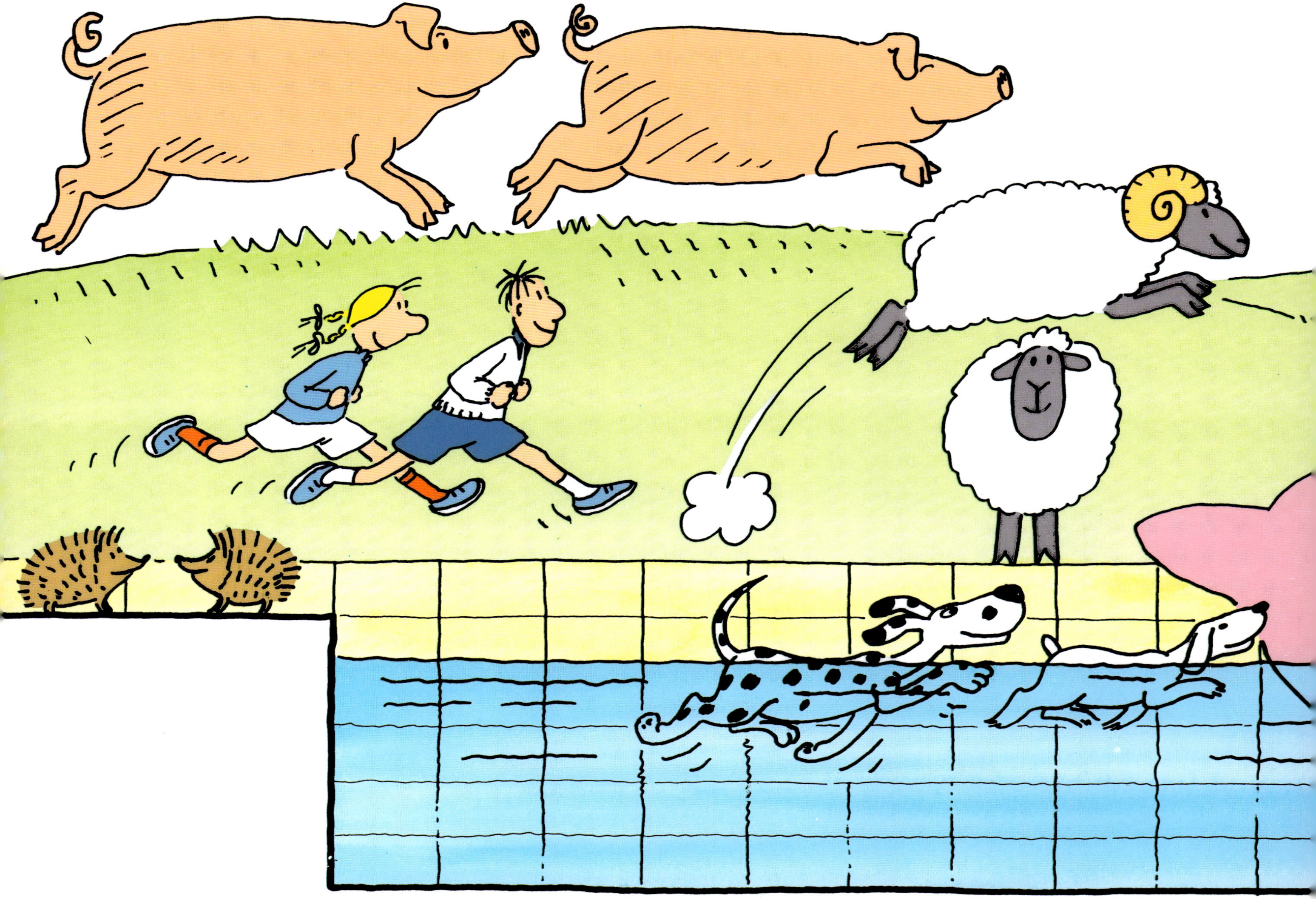

Zwei

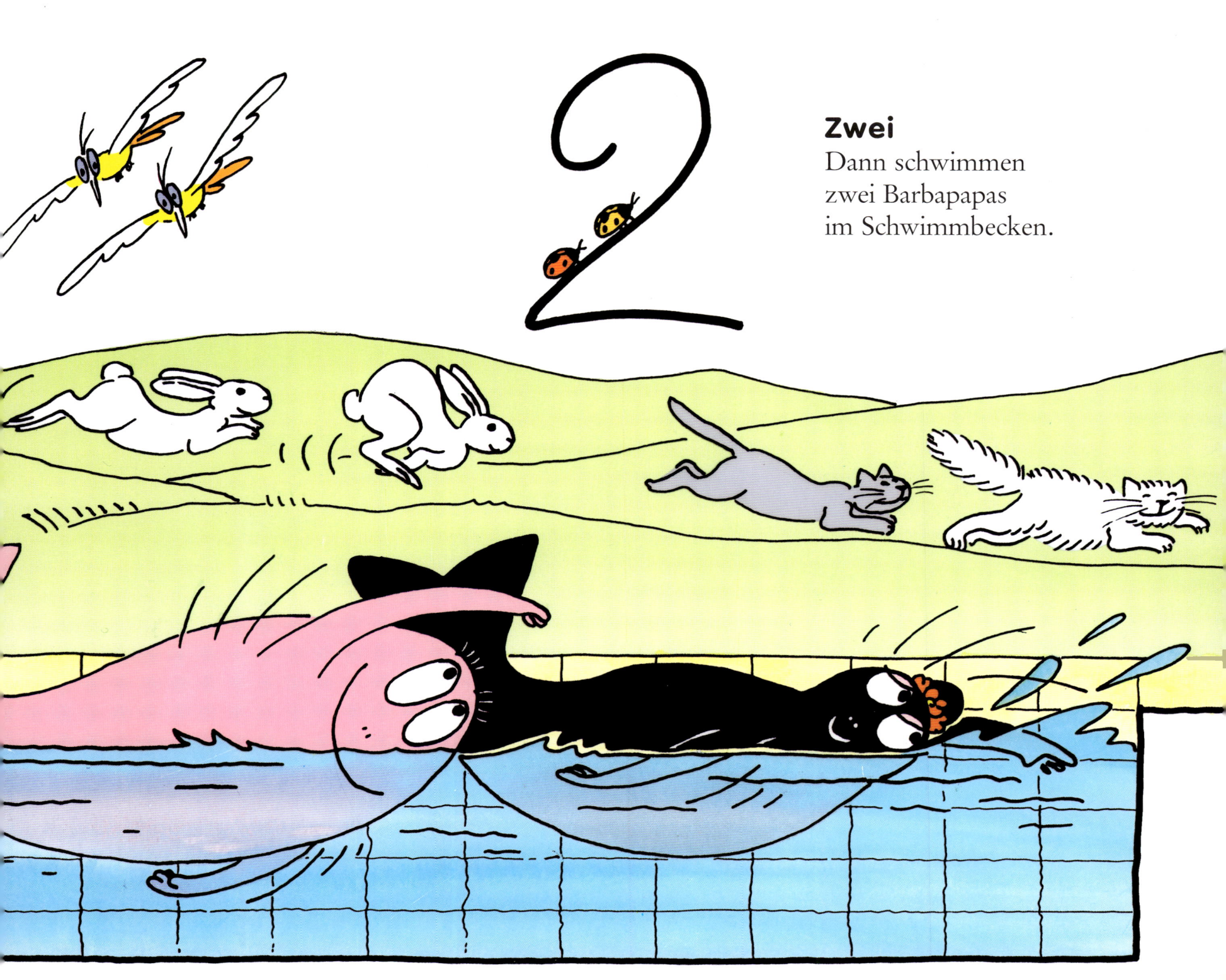

Dann schwimmen zwei Barbapapas im Schwimmbecken.

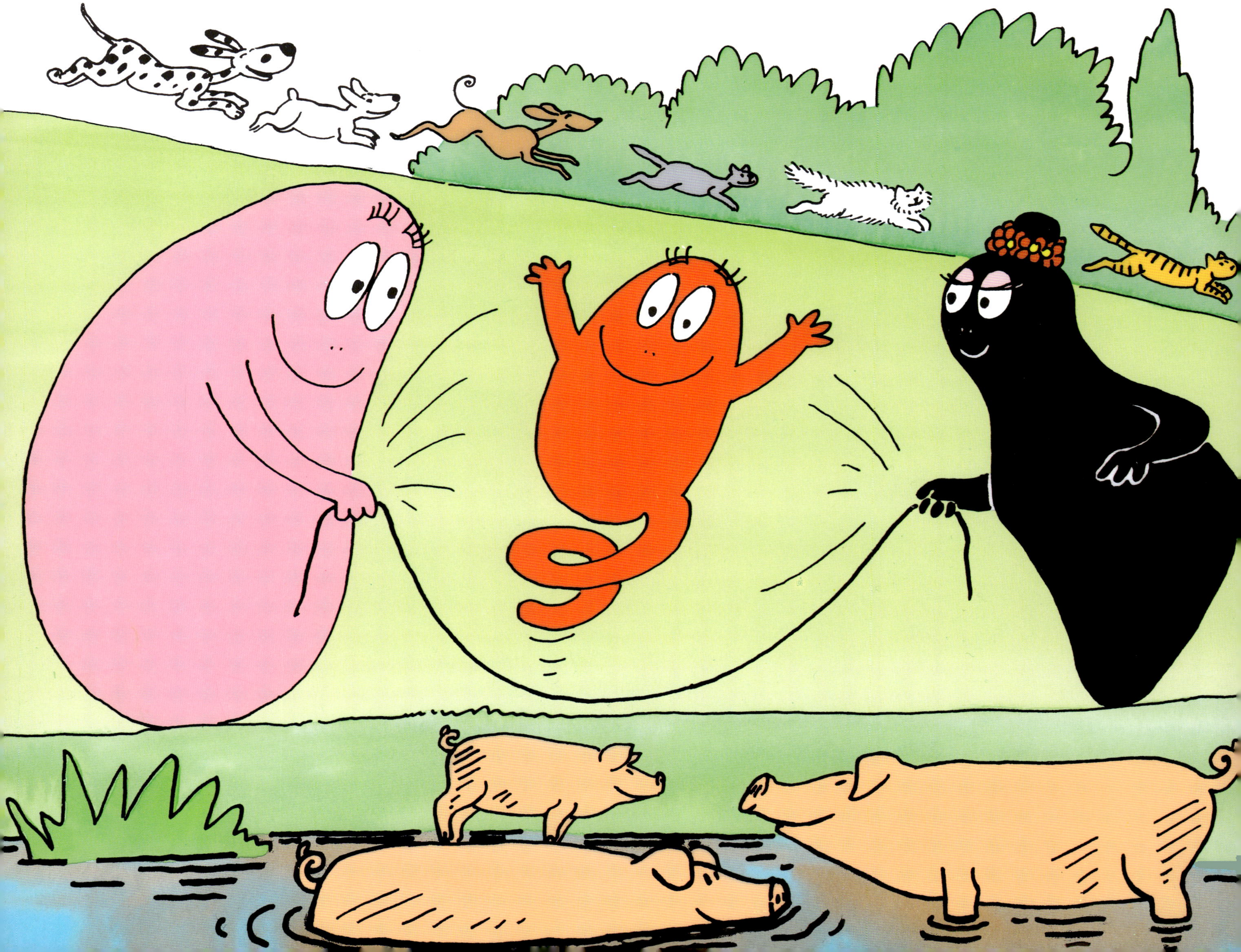

Drei

Drei haben es lustiger!
Drei Barbapapas springen Seil.

4

Vier
Wenn vier Barbapapas Tennis spielen, spielen sie zwei gegen zwei.

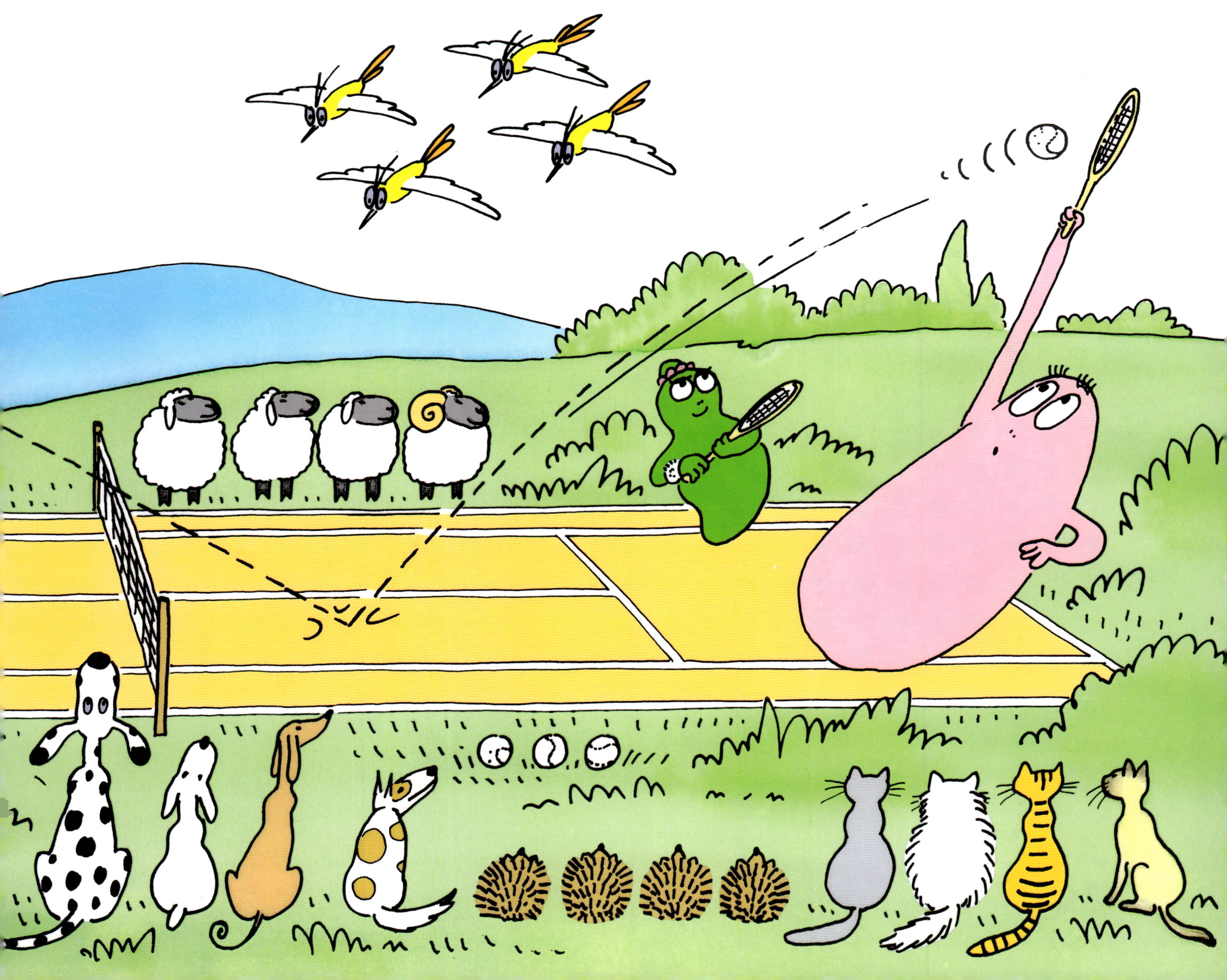

Fünf

Fünf Barbapapas – das reicht für eine Basketballmannschaft.

Aber wenn die Barbapapas so spielen, gewinnen sie immer. Das ist ungerecht!

Sechs

Sechs ist eine gute Zahl,
um eine Pyramide zu bilden.

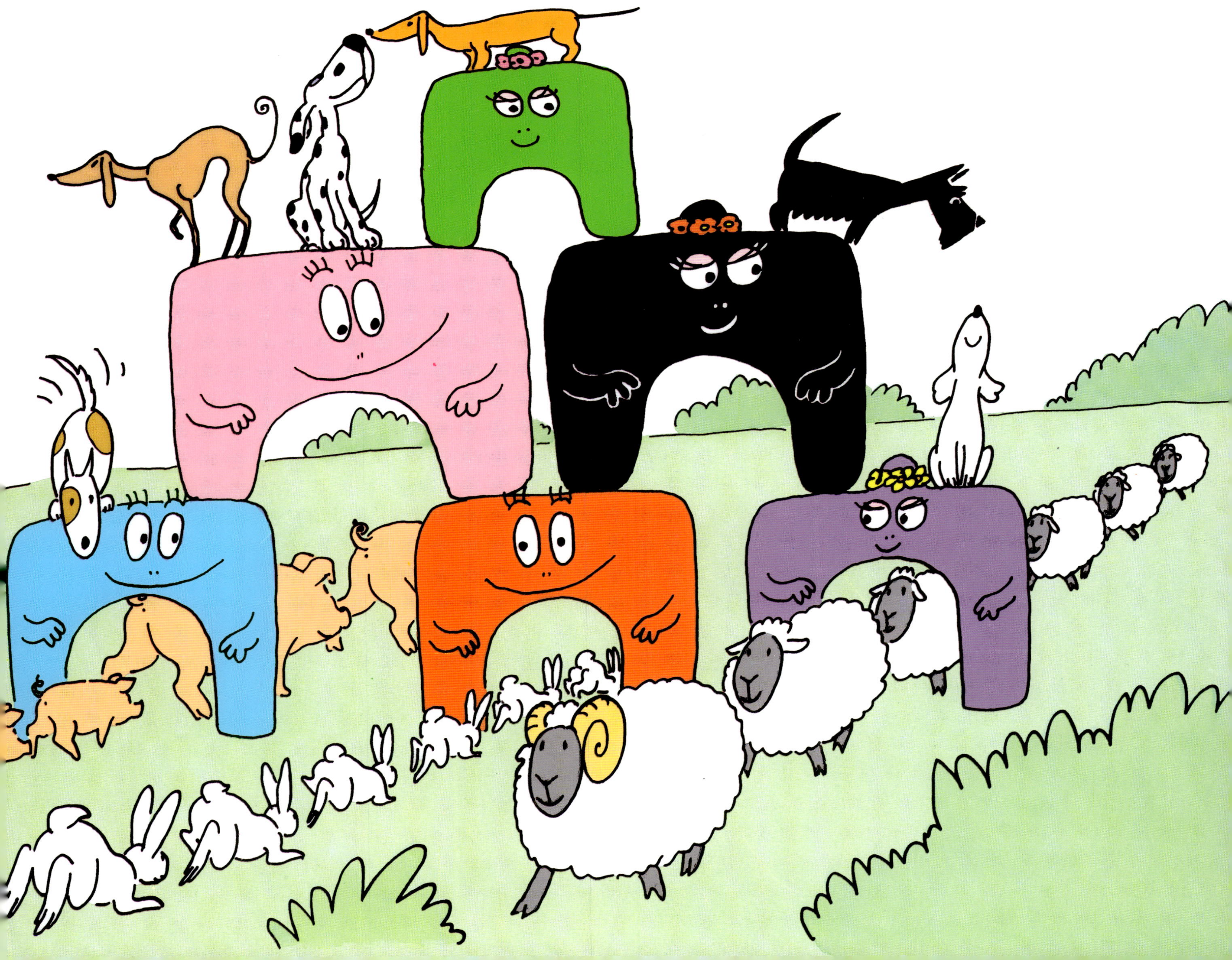

Sieben

Sieben Barbapapas – es lebe der Sport!
Die Mutigsten turnen auf dem Schwebebalken.

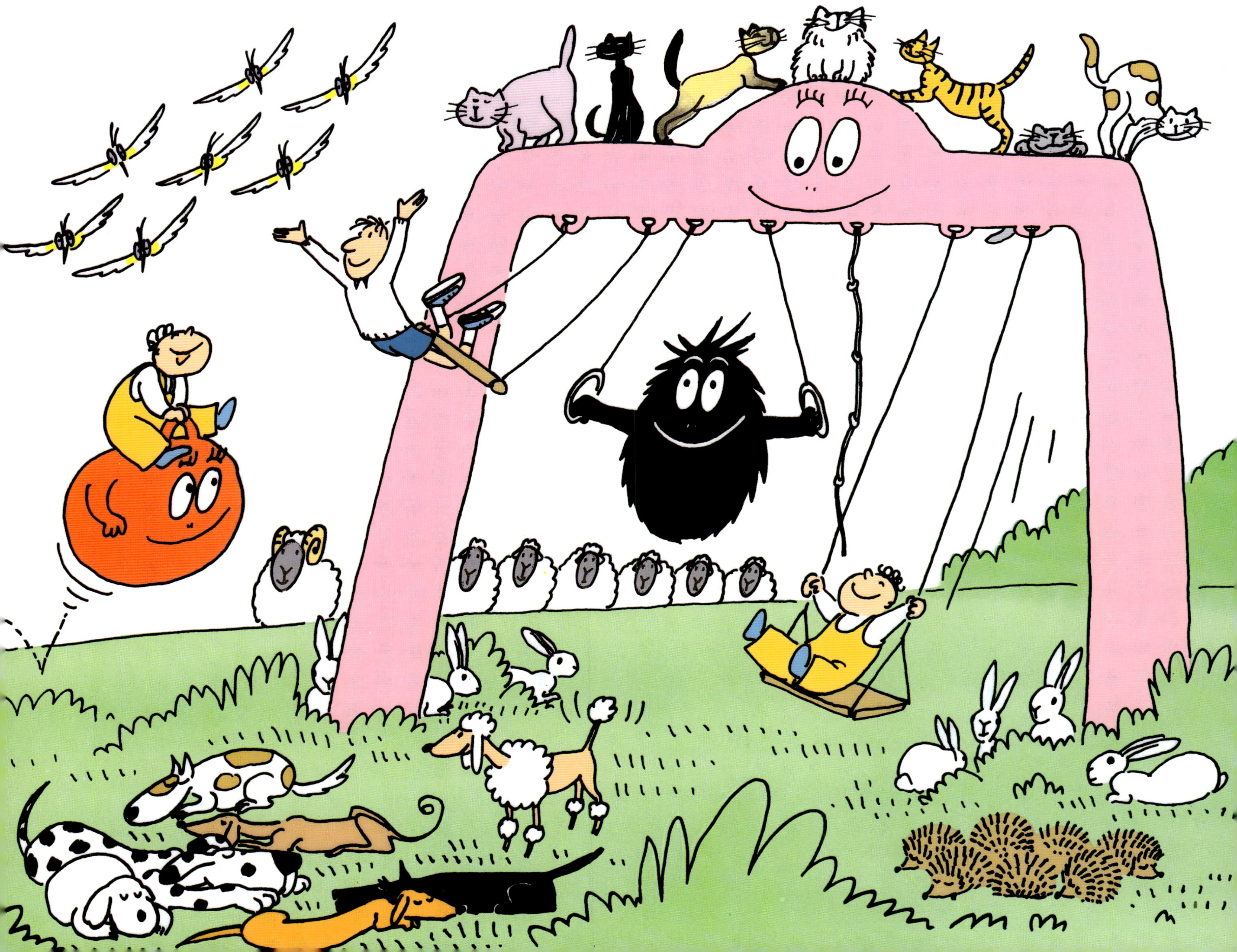

Acht

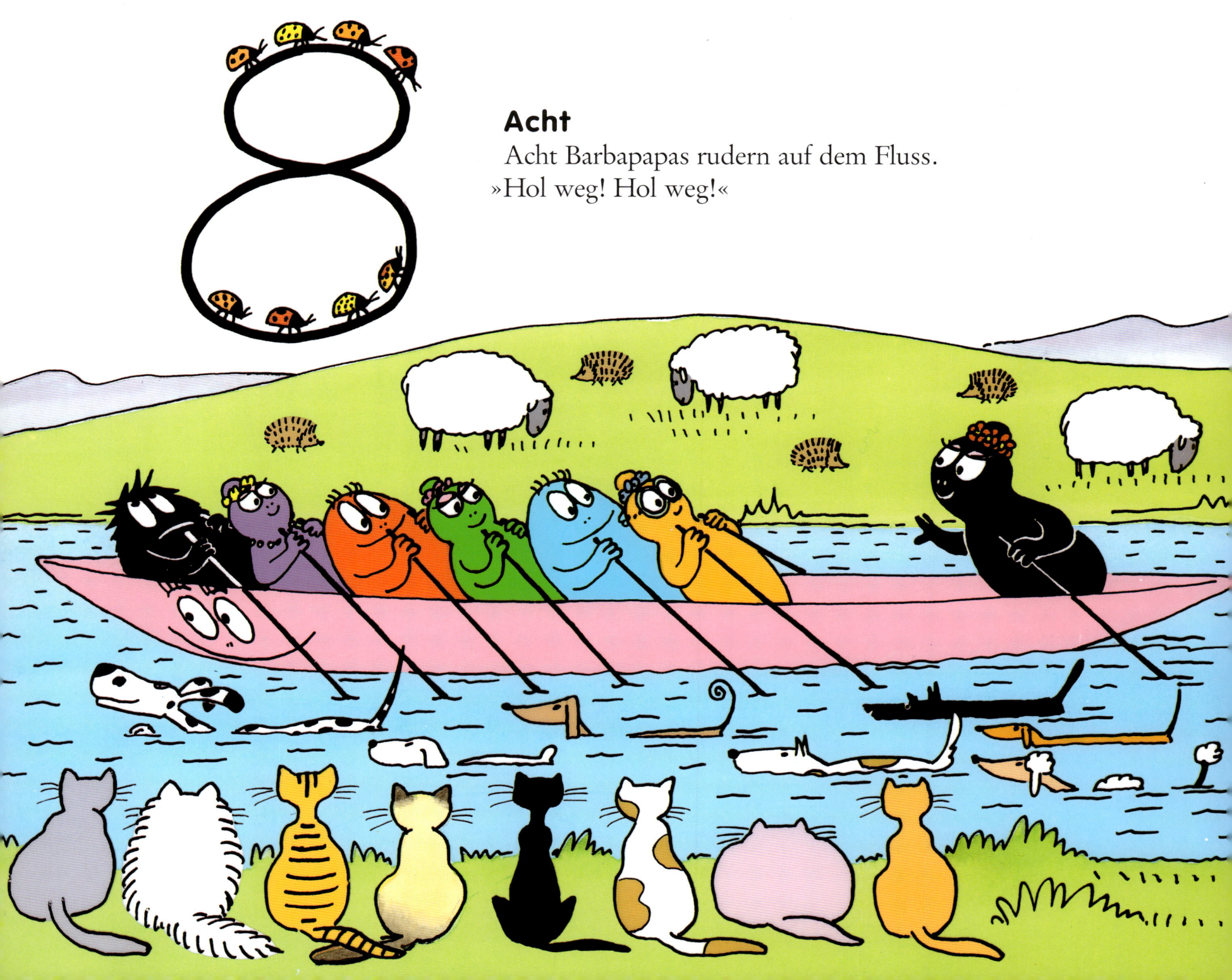

Acht Barbapapas rudern auf dem Fluss.
»Hol weg! Hol weg!«

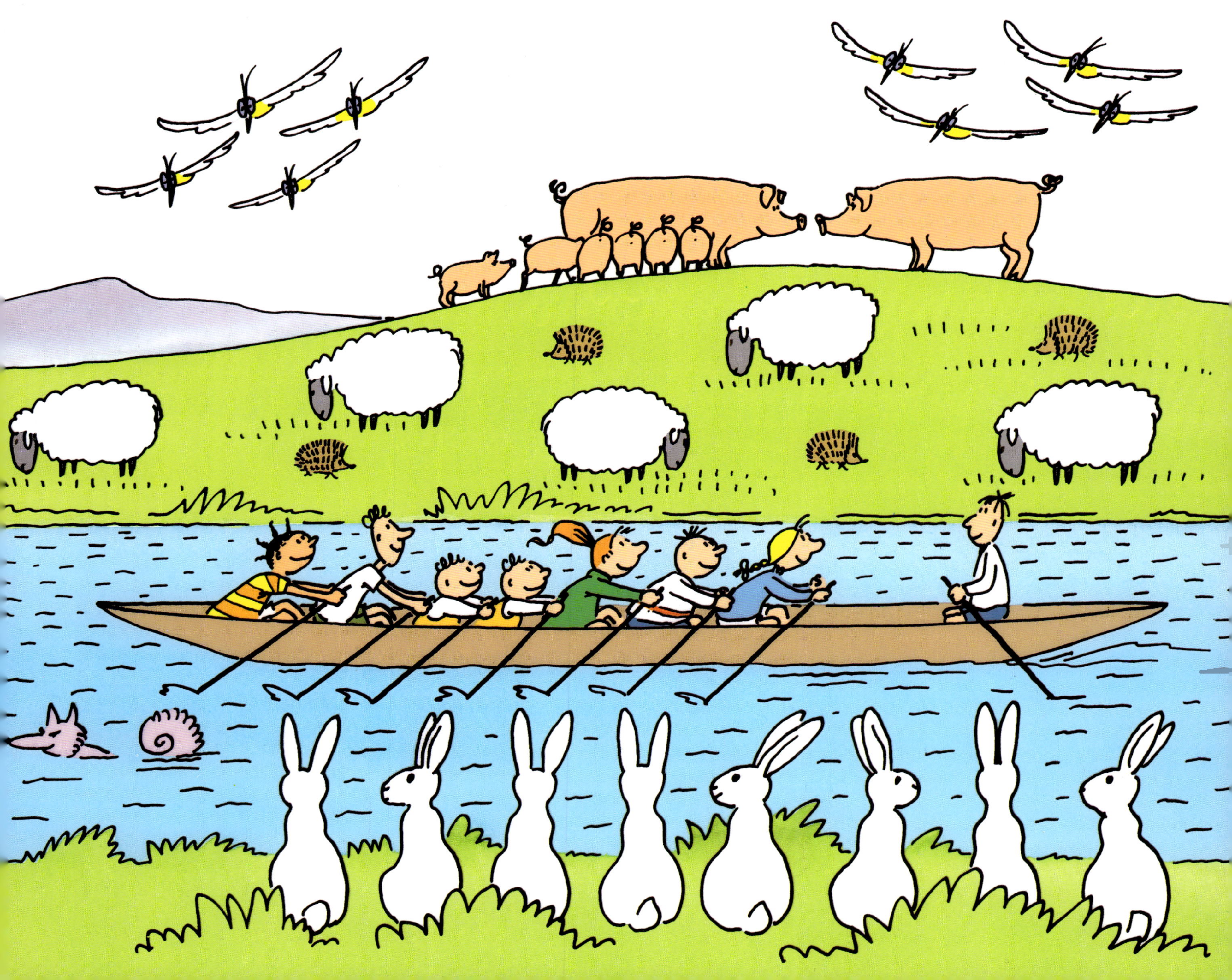

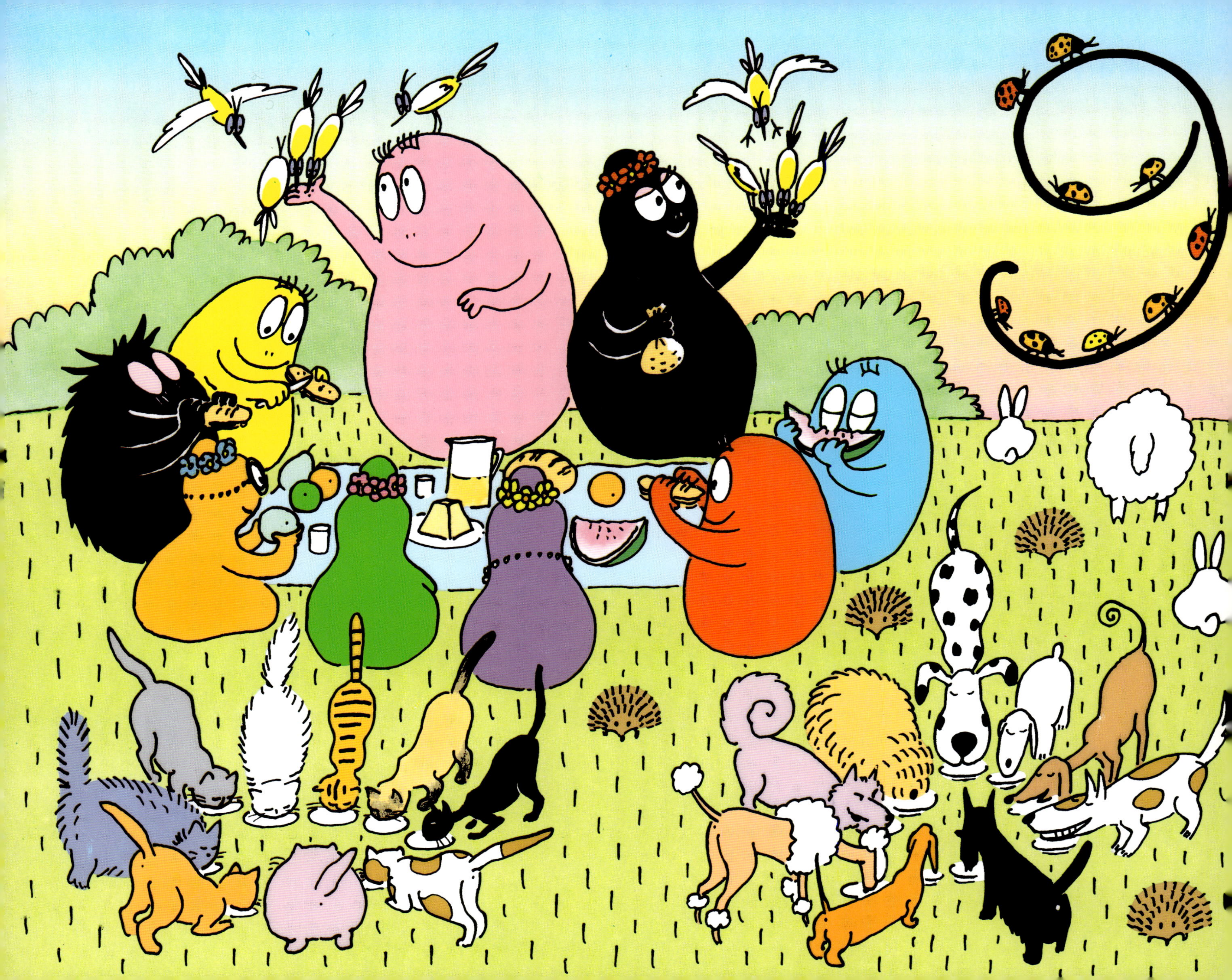

Neun

Es gibt neun Barbapapas:
Barbarix, Barbabo, Barbaletta, Barbalala, Barbabella, Barbakus, Barbawum, Barbapapa und Barbamama.

Zehn

Aber da kommt ein zehnter Barbapapa aus dem Weltall!

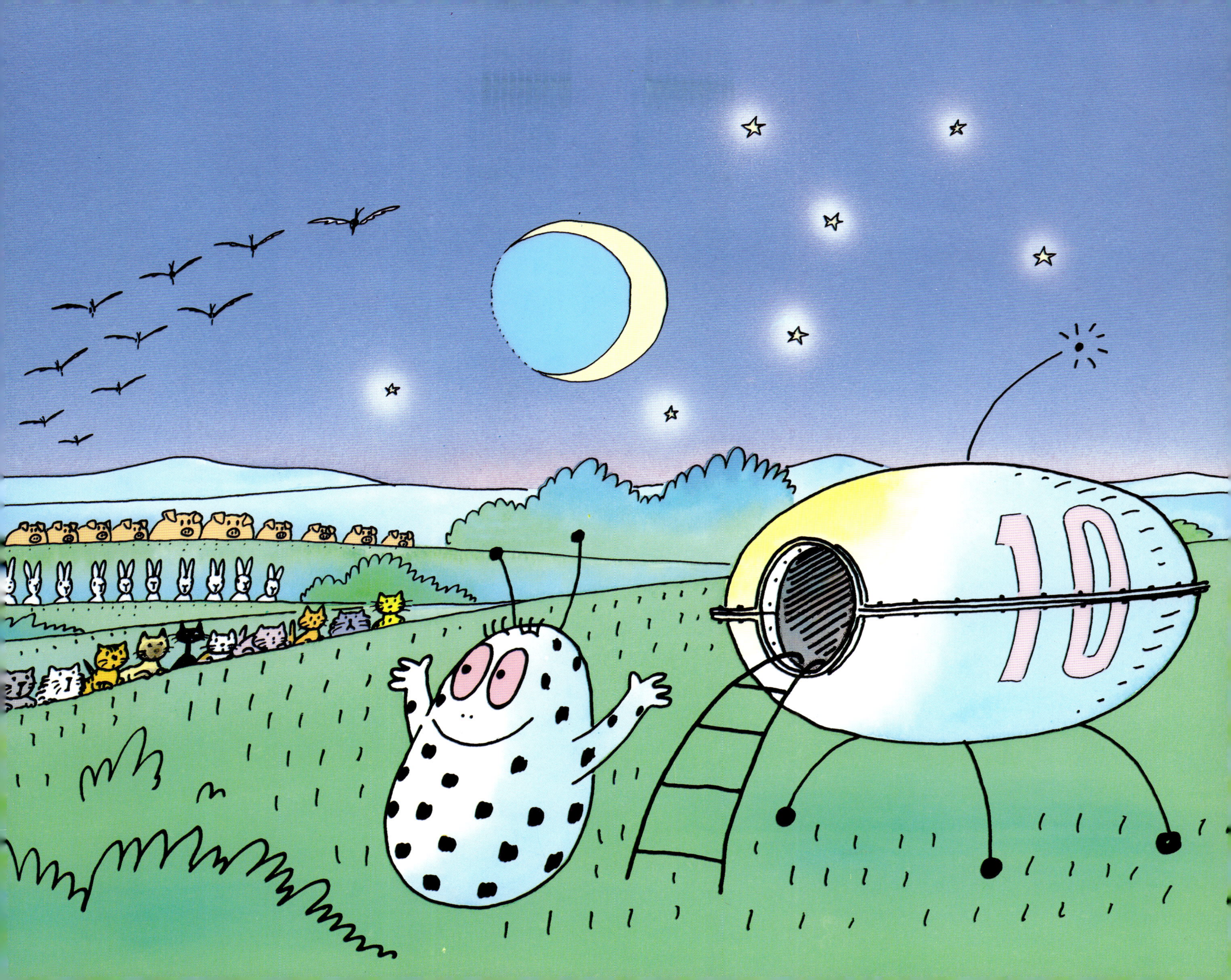
10

Nun tanzen alle den Zehnertanz:
Zehn mal zehn,
zehn mal zehn,
alle wollen zusammen gehn.

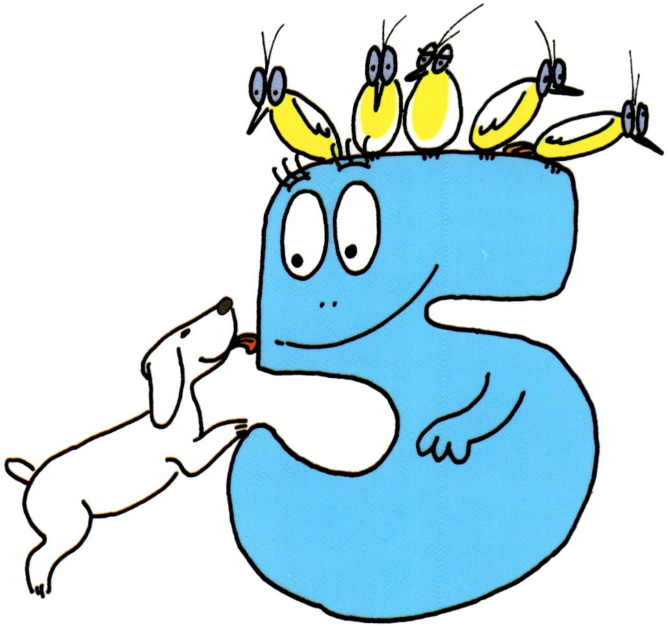